ÉLOGE

DE M. RAVEZ

PRONONCÉ

A L'OUVERTURE DES CONFÉRENCES DES AVOCATS STAGIAIRES DE BORDEAUX,

le 22 décembre 1857,

Par M. Ernest de CHANCEL fils,
avocat.

BORDEAUX

IMPRIMERIE GÉNÉRALE DE Mme CRUGY,
Rue et hôtel Saint-Siméon, 16.

—

1858.

ÉLOGE

DE M. RAVEZ

Messieurs,

Vers le milieu du XVIIIᵉ siècle, une agitation profonde tourmentait la France.

Depuis la dernière convocation des états généraux, tout était changé. Aucune des croyances du siècle de Louis XIV ne subsistait plus. Beaumarchais avait combattu tous les préjugés de la vieille monarchie, en se servant des armes dont on se méfie le moins, et qui sont cependant les plus dangereuses en France : la raillerie et le ridicule.

Rousseau était devenu le tribun éloquent et rêveur des idées nouvelles qui germaient alors dans tous les esprits.

Toutes ces choses que l'Assemblée Constituante a déclarées mortes, étaient mortes avant elle. La Révolution était achevée lorsqu'elle éclata. C'est là, ce nous semble, tout à la fois, la merveille et l'explication de cette époque.

Il faut bien reconnaître que, dans cette France si ingénieuse, si littéraire, si oisive, après ce long règne du bon plaisir, après ce silence entrecoupé par des plaisanteries de salon, ces voix fortes qui retentirent tout à coup, ces douze cents hommes réunis dans une assemblée devaient singulièrement agir sur les esprits.

Mais malheureusement les membres de cette assemblée (tous fidèles interprètes de l'opinion) furent frappés d'incapacité pour être réélus, et ils ne durent pas voir sans un sourire de pitié s'élancer à l'assaut tant d'ambitions impatientes, eux qui savaient si bien tous les ennuis et toutes les difficultés de la situation.

Dans les démocraties, on rencontre beaucoup de paysans d'Athènes, et on ne voulait pas que les députés de la Constituante fussent réélus, parce qu'on était fatigué d'entendre raconter les services qu'ils avaient rendus au pays.

Les nouveaux venus poursuivirent le même but que les premiers; seulement ils ne voulurent plus de la liberté fixe et régulière, mais de la liberté violente; et les doctrines hardies de la souveraineté du peuple, qui, dans les mains de Mirabeau, avaient été le soutien des conquêtes de 89, furent, dans les mains des Montagnards, un levier dont ils se servirent pour renverser la France en la faisant tomber dans des flots de sang.

Ce ne fut pas sans des luttes acharnées qu'ils arrivèrent à leur but.

Les Girondins, ivres d'antiquité, sont dévorés par la fournaise révolutionnaire. Bordeaux, Marseille, Toulon, et surtout Lyon, résistent les armes à la main.

Lyon soutient un siége en règle, sous les ordres de M. de Précy.

Les généreux Lyonnais succombent sans avoir été vaincus.

Dubois-Crancé et Collot d'Herbois (ancien comédien, plusieurs fois sifflé sur le théâtre de Lyon) procèdent à l'établissement de deux commissions pour juger tous ceux qui, civilement ou militairement, avaient pris part à l'insurrection.

Et le dix-huitième jour du premier mois de l'an II de la République, le Comité de salut public rendit un décret par lequel Lyon devait être rayé du nombre des villes et prendre le nom de Commune affranchie.

Et, par un singulier caprice, la Convention décrète que, sur les débris de Lyon, serait élevé un monument où seraient lus ces mots : « Lyon fit la guerre à la liberté, Lyon n'existe plus. »

Décret qui heureusement n'a pas été prophétique, puisque Lyon a toujours gardé son nom, et n'est pas moins restée une des villes les plus opulentes et les plus riches du pays. Tous ceux qui avaient combattu, et ceux même qui n'avaient pas combattu, prirent la fuite pour échapper à la justice expéditive de Collot d'Herbois.

Et, pendant que le chef de l'insurrection, M. de Précy, regagnait la Suisse à travers mille dangers, un jeune homme de vingt-deux ans, qui avait servi comme volontaire sous les ordres de ce général, abandonnait, de son côté, Lyon qui ne lui rappelait que de tristes souvenirs, Lyon où ses jours étaient en danger !

Il vint à Bordeaux chercher un asile.

Ce jeune homme proscrit, qui fuyait sa ville natale, le cœur déchiré par les horreurs dont il avait été le témoin, ce jeune homme, Messieurs, c'était M. Ravez, dont je dois aujourd'hui vous raconter la vie.

M. Ravez est né à Lyon en 1770. Quelle a été son enfance ? Je l'ignore et ne veux pas le rechercher. Nous féliciterons même M. Ravez de n'avoir pas été un de ces enfants prodiges que la nature abandonne presque toujours plus tard, comme si elle ne se sentait pas la force de les achever.

M. Ravez avait eu le rare bonheur de naître au sein d'une famille contente de son sort ; ses premiers regards s'étaient fixés sur un intérieur de paix, de calme et de travail. Il n'avait pas connu ces ardeurs inquiètes, qui vous donnent d'avance le dégoût du monde dans lequel vous devez vivre ; peut-être aussi que les massacres de Lyon ne contribuèrent pas peu à fortifier dans son âme des convictions incertaines qui devaient le lier plus étroitement au culte du passé.

Venu à une époque de doute et d'incertitude, il n'en connut pas les tourments ; la foi lui vint pour ainsi dire toute seule, sans qu'il eût besoin d'être terrassé, comme l'apôtre sur la route de Damas.

M. Ravez détesta la Révolution et les révolutionnaires. Ces impressions de la jeunesse, que le temps n'efface qu'avec peine, se retrouvèrent plus tard, avec les passions de l'âge mûr, dans le député et le magistrat de la Restauration.

M. Ravez fut à nous, il nous appartient par de longues années passées dans l'exercice de notre profession. Lorsque les fonctions publiques l'eurent enlevé au Palais, il n'a cessé de regarder avec regret une carrière qu'il n'avait quittée qu'avec peine.

Nous ne payons donc pas seulement un tribut d'admiration, mais une dette de reconnaissance, en honorant un talent dont l'éclat a rejailli sur notre Barreau.

Il s'était formé alors à Bordeaux une réunion de jeunes gens qui se vengeaient par des duels et des coups d'épée des rigueurs du Gouvernement révolutionnaire. M. Ravez en devint bientôt un des chefs, car il eut sa part dans tous les bénéfices de son âge et de son époque.

Il n'était pas rare de voir ces jeunes gens, en haine de ce qu'il y avait de sombre et de solennel dans les séances du Club de la Révolution (tribune de la démagogie à Bordeaux), affecter d'interrompre les orateurs en se jetant dans toute espèce de frivolités et de dissipation. On finissait toujours par en venir aux mains ; alors les épées reluisaient, le sang coulait, mais les listes de proscriptions étaient oubliées.

Une foule de Bordelais durent la vie aux chaudes démonstrations de ces jeunes gens intrépides. Tous étaient braves, et on vit, ce qu'on n'avait peut-être pas vu jusqu'alors, le courage devenir une affaire de parti, plus par politique que pour braver l'ennemi. Je ne saurais mieux faire, pour vous raconter la présentation et la nomination presque simultanée de M. Ravez à la présidence de cette société de la Jeunesse Bordelaise, qu'en vous donnant lecture d'une lettre adressée par M. Antoine Saintmarc au journal *la Guienne*, le 24 mai 1856 (1). Dans cette lettre, M. Ravez parle lui-même, et

---

(1) Le frère de M. Antoine Saintmarc, M. Charles Saintmarc, cet avocat plein de cœur, dont la tombe est à peine fermée, et dont la mémoire vivra toujours dans le souvenir de ses confrères, avait été honoré pendant sa vie de

M. Saintmarc ne fait que répéter une de ces confidences par lesquelles l'illustre vieillard aimait à se reporter aux jours de sa jeunesse.

« Je suis arrivé à Bordeaux la veille de Noël 1792. Je n'y con
» naissais personne, et ma seule recommandation était une lettre
» de crédit de mon frère sur la maison Grammont.

» Je devais, d'après ses derniers avis, choisir pour refuge, ou
» Paris, ou Bordeaux : Paris, où je pourrais me sauver dans la
» foule ; Bordeaux, paisible encore et dont le bon esprit pourrait
» me protéger. Je descendis sur la place Saint-André. Peu de jours
» après, au spectacle, un monsieur qui m'avait plusieurs fois consi
» déré, se doutant bien à ma mise et à mon isolement que j'étais
» étranger, se rapprocha de moi, et, après l'échange de quelques
» paroles, m'offrit fort affectueusement les services de son patro
» nage durant le séjour que je pourrais faire à Bordeaux.

» Je le remerciai, ne sachant pas encore si j'y devais rester.

» Je retournai au théâtre, et ce même monsieur vint s'asseoir
» près de moi. (C'était Cornut l'avocat, qui malheureusement fut
» plus tard arrêté et guillotiné.)

» Il me renouvela son offre d'un ton si amical, au sujet du désir
» qu'il avait de me faire faire de bonnes connaissances parmi les
» jeunes gens, et au sein de leur société dont il était membre, que,
» le lendemain, je me laissai conduire à Belleville dans la maison
» où ils se réunissaient.

» Le temps marchait vite à cette époque, les jours allaient s'em
» pirant, et la police devenait de plus en plus ombrageuse et tra
» cassière.

» Dans une réunion fort nombreuse, et qui se tint à quelques
» jours de ma présentation, il s'agissait d'élire un président.

l'amitié de M. Ravez. Il professait pour lui un entier dévouement. Aussi avons-nous accueilli avec empressement les détails que M. Antoine Saintmarc a bien voulu nous donner, convaincu que nous sommes que tous ces détails sont de la plus rigoureuse exactitude.

» Il y avait de l'émotion dans la salle et une évidente hésitation
» dans les groupes qui la formaient.

» J'étais fort tranquille à mon banc, mais il me semblait que
» mon nom sortait du bruit et frappait mon oreille.

» On se désignait ma personne, et les yeux se dirigeaient curieu-
» sement vers moi ; la plupart, en effet, ne me connaissaient guère.
» Je ne savais que penser de cette scène qui me paraissait étrange,
» lorsqu'une députation se détacha et vint, par l'organe de Cornut,
» me proposer la présidence. J'en fus surpris, et le leur témoignai ;
» mais les instances devinrent si pressantes et à la fin si unanimes,
» que je me rendis en leur disant :

» Que je ne pouvais comprendre de quel secours et de quel poids
» je pouvais être, moi étranger, et si récemment arrivé à Bor-
» deaux, que je n'y connaissais à peu près personne ; que le der-
» nier d'entre eux leur serait plus utile ; que cependant je voyais
» bien que la société, composée comme elle l'était, chacun de ses mem-
» bres, qui vivait dans sa famille, pouvait craindre d'être influencé
» par la tendresse maternelle ou par la prudence des parents, et
» qu'avec moi, du moins, ils n'en couraient pas les risques ; et
» j'ajoutai :

» Au surplus, il y a du danger, j'accepte. »

Le premier acte de la vie publique de M. Ravez est un acte de
dévouement. C'est aussi un acte de dévouement qui devait la cou-
ronner, lorsque, cinquante ans plus tard, il acceptait le mandat de
représentant du peuple.

Le 10 septembre 1793, sur la dénonciation du Club de la Révolution, le Conseil général de la Commune invite la société de la
Jeunesse, et, par tant que de besoin, la requiert, de se dissoudre.

M. Ravez rédige alors cette courageuse réponse à la sommation
des administrateurs du district.

Cette réponse est empreinte de cette force de logique, de cette
concision correcte qui était le propre du talent de M. Ravez :

« Quelle est donc la loi, magistrats, qui vous autorise à requérir
» notre dissolution ? Quelle est du moins la loi que nous avons

» violée, et dont la violation puisse servir de base à la réquisition
» que vous nous adressez ?

» Vous invoquez, magistrats, le salut du peuple comme loi su-
» prême !

» Ce grand principe n'est gravé nulle part en caractères plus
» ineffaçables que dans les cœurs ardents et sensibles de la jeunesse
» bordelaise.

» Mais ne craignez-vous pas vous-mêmes que les fauteurs du dés-
» ordre et de l'anarchie ne profanent bientôt cette sublime vérité
» en la laissant servir à leurs funestes projets ?

» . . . .

» . . . .

» Avez-vous dit à ce peuple que nous ne nous assemblons que
» pour maintenir les lois qui nous gouvernent, défendre les pro-
» priétés de nos pères, de nos amis, de nos concitoyens, protéger
» les personnes injustement compromises, et anéantir les tyrans
» sous quelque forme qu'ils se déguisent ?

» Lui avez-vous dit que ni vous, ni aucun citoyen, n'avez encore
» d'autre droit que celui de nous surveiller et non de nous dis-
» soudre, et que cette surveillance même est, en quelque sorte,
» inutile pour une société de jeunes gens qui veulent tenir leurs
» séances en public, et qui, déjà (pesez bien ces mots), ont invité
» leurs magistrats à venir dans leur sein pour être les témoins de
» leurs paisibles opérations ?

» N'en doutez pas, magistrats, si vous eussiez tenu ce langage au
» peuple bordelais, il eût eu le succès que la voix de la vérité aura
» toujours auprès de lui, et vous ne vous fussiez pas mis vous-
» mêmes en opposition avec la loi. »

Les événements qui motivent cette lettre, les autorités qui la
reçoivent, tout en fait un titre de gloire pour cette généreuse jeunesse bordelaise, dont les traditions existent toujours, Dieu merci,
parmi nous.

Cette société, sous les auspices de son président, luttait pour
faire triompher les bons principes dans ces temps de folies et de

crimes, relever l'espérance, ranimer le courage et consoler le malheur !

M. Ravez fut bientôt dénoncé comme traître à la patrie ; des amis dévoués lui offrirent un asile, et, dans le calme de la retraite, il put attendre des jours meilleurs.

Au milieu de cette jeunesse de France, si spirituelle dans sa frivolité même, parmi tant d'hommes distingués qui brillaient à la fin du XVIIIe siècle par les grâces de l'esprit et je ne sais quel charme de la belle littérature, les fortes études, les études abstraites, salutairement ennuyeuses, étaient rares.

M. Ravez, grâce à son esprit froid, sage et résolu, grâce surtout à une analyse pénétrante qui le poussait à tout approfondir, à ne rien connaître à demi, dédaigna ce qu'il pouvait y avoir de séduisant dans ces études parasites qui sont tout au plus un ornement pour l'esprit, et il s'adonna exclusivement à l'étude du droit.

Obligé de se cacher au sein d'une famille qui l'avait comme adopté, il consacrait à la méditation et au travail ces jours de luttes où les partis, entraînés par une irrésistible fatalité, se poussaient les uns les autres vers l'échafaud.

Il se voua tout entier aux épreuves de ce noviciat de travail, qui fut celui de tant d'avocats illustres, et il amassait en silence une ample moisson de connaissances profondes, sans penser peut-être, alors, qu'elles dussent un jour le faire arriver au Palais, à n'avoir pas d'égal dans la science des précédents et de l'ancienne jurisprudence. On reconnaissait, quand il plaidait, qu'il avait pour ainsi dire vécu avec la loi.

Le droit, à cette époque, n'était qu'un docte chaos.

Point de code fait tout d'une pièce, uniforme, systématique, mais d'anciennes et nombreuses coutumes, une longue série de statuts, une foule de lois d'origine différente, gauloises, gothiques, féodales, qui se combattaient mutuellement.

M. Ravez porta ses recherches dans ce vaste dédale, et il étudia avec une rare intelligence toutes ces législations diverses.

Par cela même que ces législations étaient moins faites , la science du jurisconsulte devint plus étendue ; accoutumé à méditer des lois encore dans leurs langes, cette habitude de réflexion donna à son esprit une maturité précoce en lui permettant de pressentir les lois à venir.

M. Ravez avait compris que la civilisation a besoin pour marcher de s'appuyer sur une justice éclairée et uniforme ; il lui semblait qu'une vaste réforme était nécessaire pour la dégager des vieilles entraves du moyen âge ; peut-être même s'était-il rencontré , sans le savoir, avec le génie assez hardi qui devait l'entreprendre quelques années plus tard.

Aussi, quand nous voyons M. Ravez, âgé de 25 ans, plaider avec bonheur contre Martignac père, Jaubert, Brochon et Duranteau ; quand nous le voyons complet à cet âge où les autres hommes commencent à peine à rentrer dans la vie, nous nous le représentons volontiers à côté des Portalis, des Bigot, des Tronchet, refaisant avec eux la législation civile, à force de science et de travail. C'eût été là sa place, c'était l'œuvre à laquelle l'auraient disposé les travaux de toute sa vie et la sûreté de son coup d'œil.

Ne croyez pas, messieurs, qu'Auguste Ravez se crût dispensé de toute étude parce que ses débuts furent brillants et qu'il se montra tout d'un coup, avec une sorte d'audace naïve, à côté des avocats les plus en renom de l'époque.

Il s'aida des conseils et de l'appui des anciens de l'Ordre, qu'il consultait toujours avec une respectueuse déférence.

Il acquit ainsi une vieillesse anticipée, et le juge surpris trouvait que ce jeune homme se transformait, pour ainsi dire, en la personne des anciens avocats.

Il connaissait si bien de la procédure tous les mystères ! Il savait si bien arriver à la conviction par la raison !

M. Ravez, sans se laisser emporter par une téméraire présomption, eut toujours une noble fierté. Il avait, si je puis m'exprimer ainsi, le *noli me tangere* des anciens, qui lui faisait défendre avec orgueil ces prérogatives de jeune avocat !

Un de ses confrères (inscrit depuis longtemps au tableau), contre lequel il plaidait, voulut rabaisser le talent de son jeune contradicteur et s'attribuer les armes dont il avait été frappé.

« Sans quoi, s'écria-t-il avec dédain, quelles blessures eût pu me » faire un jeune homme ! »

M. Ravez s'en indigne, et, dans sa réplique, il laisse échapper l'amertume dont son âme est remplie.

« Apprenez, dit-il à son adversaire, que si vous aviez été dans le cas d'être utile à celui que vous rabaissez, vous viendriez de l'affranchir du devoir de la reconaissance, en publiant le service que vous auriez eu le bonheur de lui rendre. Apprenez que l'âge et le talent ne donnent jamais le droit d'insulter un jeune homme, et que celui que vous ravalez ne se croit environné de quelque éclat que depuis qu'il se montre assez grand pour vous pardonner un indigne outrage. »

C'était une leçon, mais elle était bien méritée. C'était le disciple qui devenait maître, et qui s'emparait de la barre en la marquant de sa griffe de lion.

Derrière le premier rang de l'ancien Barreau, où brillaient les Martignac père, les Jaubert, les Brochon, les Duranteau, grandissait une génération nouvelle, toute prête à descendre dans la lice.

C'est à cette génération nouvelle que le Barreau de Bordeaux doit une partie de son antique splendeur, qui le fait apparaître dans l'histoire entouré de glorieux souvenirs ! Que d'hommes remarquables par les lumières, le talent, la générosité des sentiments, étaient alors réunis !

C'était un homme rare et supérieur que ce Ferrère qui mourut à quarante-huit ans. La nature l'avait fait rêveur comme un poète. Chez lui tout venait de l'âme. Il avait les qualités qui caractérisent l'honnête homme et le véritable ami. Dans l'affaire Lanusse, il obtint un des plus beaux triomphes qu'ait remportés l'éloquence du Barreau.

C'était un génie digne d'être admiré que ce Martignac fils, dont l'éloquence, pour me servir de l'expression de **M.** de Cormenin, avait l'harmonie et la douceur d'une lyre.

M. Oscar Pinard, dans un livre intitulé : *Le Barreau,* écrit avec un style digne de la Grèce, voit entre Vergniaud et **M.** de Martignac une de ces ressemblances mystérieuses que Dieu donne aux talents qui sont frères.

Rien n'est plus juste, ce nous semble, que cette comparaison ; et, si le Girondin de 93 n'a jamais été plus éloquent que lorsqu'il a pleuré sur la République qui s'en allait, jamais la voix du Girondin de 1827 n'a été plus harmonieuse et plus tendre que lorsqu'il a pleuré sur ses maîtres qui s'en allaient, et que le parti vainqueur condamnait à l'exil.

Tous deux, il est vrai, ne se sont pas prosternés devant la même idole, n'ont pas adoré les mêmes dieux ; mais, chez l'un comme chez l'autre, c'était le même amour du bien public qui devait les dévorer, en les faisant méconnaître par leurs partis.

Lainé, que j'admire de toutes les forces de mon cœur de jeune homme, Lainé, qui, après avoir été comblé de tous les dons du ciel et du sort, mourut pauvre, ne désirant plus qu'une chose : un tombeau dans le cimetière de son village, auprès du tombeau de sa mère !

M. de Saget, qui commandait l'attention partout où il se trouvait, et qui se faisait reconnaître dès qu'il commençait ses plaidoiries, comme un habile ouvrier de la parole.

Quand nous voyons de quels éléments était formé le Barreau de cette époque, nous devons nous attacher avec admiration et étonnement à **M.** Ravez. Quelle devait être, en effet, la science, la puissance oratoire de l'homme qui était éminent parmi des hommes si distingués, et dominait une telle élite de talents divers !

Un des premiers caractères de **M.** Ravez, c'était la force lumineuse et pratique de son esprit. Beaucoup d'illusions généreuses et de théories dominaient dans le Barreau, et Ferrère et Lainé se trouvaient souvent à la gêne dans les causes qui résistaient aux considérations élevées. Ils abandonnaient alors le fond du procès, et s'en allaient au dehors chercher inutilement des richesses pour leur âme et leur imagination.

Au contraire, l'esprit de M. Ravez était tout pratique ; les digressions rares qu'on trouve dans ses mémoires ne sont qu'une satisfaction qu'il donne aux mœurs de son temps ; il arrive au fait simplement, sans exorde ; il l'expose avec une clarté si logique, que pour lui un procès exposé était un procès gagné. Il semble qu'il ait voulu renverser les vieilles superstitions oratoires ; il semble qu'il ait pressenti les instincts du siècle qui allait naître, et qu'il ait voulu lui faire une éloquence à son image, c'est-à-dire une éloquence pressée et positive.

Maintenant, à cet homme d'un rare talent, il fallait les occasions. Les procès civils, les procès pécuniaires prêtent rarement à l'éloquence. Dans nos usages, beaucoup de causes, même importantes pour les mœurs, se résolvent en questions d'argent. Le scandale a son tarif. L'indignation morale et l'intérêt romanesque aboutissent à des dommages-intérêts.

C'est ce qu'a parfaitement compris M. Ravez ; aussi le voyons-nous se renfermer dans le droit pur ; il sait le plier en maître, j'allais dire en despote, à toutes les nécessités de la discussion ; on sent qu'il est chez lui ; qu'il n'est pas de question si compliquée dont il ne connaisse tous les êtres ; quel que soit le labyrinthe dans lequel il s'engage, on sent qu'il a toujours en main le fil conducteur et qu'il peut en sortir quand il voudra.

Il devint ainsi grand jurisconsulte. Il était d'ailleurs doué d'un tact parfait, qui dénotait chez lui une grande rectitude de jugement. Il a ôté à l'éloquence ses broderies, pour en faire l'éloquence des affaires, l'éloquence en ligne droite si je puis m'exprimer ainsi, la plus difficile de toutes, parce qu'elle est la plus simple.

Voilà, ce nous semble, quel fut le secret de la supériorité de M. Ravez sur ses confrères.

Aussi sa réputation grandit-elle de jour en jour, et voyons-nous son nom se mêler à toutes les luttes judiciaires de son temps.

Maintenant, comment faire connaître cet homme? Choisirai-je les discussions de principes? Choisirai-je les accidents d'éloquence? Qu'est-ce qui le rendit si puissant? C'était cette parole savante et magistrale, prêtant à la raison, et à la raison seule, un langage ardent et passionné, ce démon de la logique dont il paraissait possédé, et cette autorité du *vir probus* des anciens, qui s'attachait comme malgré lui à ses discours.

On n'a pas oublié, dans les annales judiciaires, un procès célèbre dans lequel M. Ravez plaidait pour un père qui désavouait son fils. Il défendit avec énergie la morale outragée, et trouva le secret, dans le simple ministère de la défense, de s'élever à la hauteur d'une sorte de ministère public.

Il rencontra dans M. Lainé un adversaire digne de lui. — La lutte fut entre eux d'un intérêt profond. M. Ravez triompha devant les premiers juges, mais il fut vaincu en appel et en cassation.

On raconte que les deux avocats, également dévoués à leur cause, furent la plaider jusque devant le Tribunal de cassation. Leur éloquence frappa les juges, et, après l'audience, le président les engagea vivement à demeurer à Paris, où ils arriveraient rapidement à la gloire et à la fortune.

Trop de liens chers à leurs cœurs les retenaient attachés à leur Ordre, pour qu'ils cédassent à ces flatteuses instances. Et ils quittèrent Paris, sans se douter que plus tard l'éclat de leur talent devait les y ramener pour les faire briller sur une scène plus élevée.

Que dire du plaidoyer vigoureux de M. Ravez pour la veuve Borie, à laquelle d'avides collatéraux contestaient sa possession d'état devant la justice?

Avec quelle profondeur et quelle science il expose, explique, concilie la législation naturelle et la législation civile sur les mariages !

Avec quelle érudition il développe la doctrine rassurante de la possession d'état !

Comme sa péroraison est courte et nerveuse !

« La dame Borie touche enfin, magistrats, au terme de ses » malheurs.

» Elle conservera le rang qu'elle doit occuper dans la société, les
» honneurs attachés à sa qualité d'épouse.

» Vous ne balancerez pas entre elle et d'odieux collatéraux, dont
» le plus sordide intérêt excite l'avidité.

» Ils lui prodiguèrent autrefois de perfides caresses ; elle croyait
» à la sincérité de leurs sentiments.

» Elle faisait son bonheur de verser sur eux les libéralités de son
mari.

» S'ils avaient respecté sa mémoire, s'ils n'avaient outragé qu'elle-
» même, elle serait assez généreuse pour leur pardonner ; mais ils
» ont déchiré la réputation de leur frère : une si noire ingratitude
» a douloureusement affecté le cœur de sa veuve éplorée, et votre
» justice, en la délivrant de leurs longues persécutions, ne cicatri-
» sera pas cette profonde blessure. »

Et le procès Souverbie, pouvons-nous le passer sous silence ?

Comme il proteste avec indignation contre les accusations dont
son ami est la victime !

Comme il fut heureux de se placer près de lui, et de le défendre
au milieu des préventions et des murmures qu'avait soulevés l'éloquence passionnée de Ferrère !

Pouvons-nous oublier cette femme qui se présente un jour chez
M. Ravez, seule, abandonnée des siens, qui lui contestent jusqu'à
son nom ?

Elle n'a, pour intéresser, que son bon droit et ses malheurs.

M. Ravez l'accueille avec bienveillance, l'encourage, la défend,
la fait triompher dans ses justes prétentions.

Cette femme, Messieurs, c'était Mᵐᵉ la marquise d'Anglure, qui
laissait, quelques années plus tard, à son défenseur l'usufruit de
tous ses biens !

M. Ravez refusa la donation générale qui lui avait été faite, et
rendit tous les biens aux légitimes héritiers.

On ne sait ce que l'on doit le plus admirer, de la reconnaissance
de la cliente ou du désintéressement de l'avocat.

M. Ravez s'était fait de sa profession une chevalerie, un sacerdoce ; il voulait être honoré plutôt que riche , et il poussait le désintéressement jusqu'à l'exagération , si l'on pouvait exagérer la vertu.

M. Ravez était surtout remarquable dans les questions commerciales. La lucidité de son esprit et la sûreté de sa mémoire lui rendaient faciles ces affaires qui sont les plus difficiles de toutes.

Qu'il me soit permis de citer le plaidoyer pour les sieurs Loriague, dans lequel M. Ravez discute la question de savoir si le naufrage, l'échouement avec bris, sont chacun, à l'égard du navire assuré, une cause légale et suffisante de délaissement, quelles que soient les suites de cette fortune de mer.

Nous ne croyons pas trop nous avancer en affirmant que ce plaidoyer est un chef-d'œuvre de discussion.

Pour ceux qui ne peuvent se résigner à séparer l'éloquence des richesses du langage, qui veulent l'agitation, le bruit, une sorte de mise en scène, qui veulent que l'avocat découvre ses plaies aux regards, comme M. Berryer s'arrêtant et fondant en larmes au milieu d'une plaidoirie, il est évident que M. Ravez n'a dû jamais être que le premier des logiciens.

Mais il en est d'autres, rassasiés de délicatesses intellectuelles, dont l'œil pénétrant entrevoit le fond des choses, qui comprennent que les juges ne demandent qu'à être éclairés le plus vite possible, sans tenir le moins du monde à être émus, que devaient frapper vivement la raison infaillible, la parole sûre de M. Ravez, et qui n'hésitaient pas, dans quelques occasions, à les élever à la hauteur de l'éloquence.

Et de nos jours, Messieurs, ne voyons-nous pas un avocat, dont nous pouvons revendiquer la gloire, acquérir au Barreau de Paris la première place par la clarté nette et positive qu'il a su donner à la langue des affaires, élevée par lui aussi à la hauteur de l'éloquence ?

Cependant Napoléon, qui avait soumis la Révolution à sa voix, comme s'il eût été le génie de cet élément terrible, l'avait entraînée dans sa gloire pour réunir l'Europe sous son sceptre ; mais l'Europe, longtemps docile, se soulevait au signal des flammes de Moscou.

Tous les efforts faits par l'Empereur pour remonter la pente rapide des revers qui succédèrent aux victoires, finirent par le traité de Fontainebleau. Le colosse devant lequel l'Europe s'était inclinée prit tristement le chemin de l'exil, et Louis XVIII remonta sur le trône de ses pères.

M. Ravez accepta la Restauration avec enthousiasme ; il était fatigué du bruit des canons et des tambours ; et s'il reconnaissait que l'Empire avait été une époque de gloire au dehors, il reconnaissait aussi qu'il avait été une époque de larmes au dedans.

Cette ancienne royauté apparaissant tout à coup, en apportant des paroles de paix et de conciliation, des libertés réelles, était pour M. Ravez une sûre garantie que l'ordre allait renaître.

Après trente années de convulsions, il lui semblait qu'une éternelle alliance allait être conclue entre le passé et le présent ; il lui semblait que, des décombres énormes de je ne sais combien de gouvernements écroulés, s'élevait un édifice nouveau, une espèce de temple dans lequel les partis, abjurant leurs vieilles haines, devaient s'embrasser et s'unir.

Napoléon, d'ailleurs, fidèle aux rancunes du 18 brumaire, confondait dans ses dédains et ses colères les idéologues et les avocats ; il les traitait en factieux ; les hommes de sabre et de chiffre étaient seuls honorés, étaient seuls payés.

M. Ravez crut voir alors dans la Restauration le retour si vivement et si longtemps attendu vers les illusions de sa jeunesse ; et après avoir été royaliste par entraînement en 93, il le devint par raison plus tard.

Aussi, lorsque la Providence rendit un moment le pouvoir à Napoléon, voyons-nous M. Ravez faire éclater son dévouement auprès de Mme la Duchesse d'Angoulême, qui se trouvait à Bordeaux.

Elle voulait essayer de réveiller, sous les bruyères du Bocage, les cendres endormies des Stofflet et des Cathelineau ; M. Ravez eut le bonheur de l'en dissuader, et cette héroïque princesse, cédant à ces sages conseils, partit la nuit, accompagnée d'amis dévoués, pour aller rejoindre son oncle, qui avait transporté la cour à Gand.

Quelques jours après, l'épée de Napoléon, brisée à Waterloo, était jetée au loin, et lui, après être passé rapidement par le trône et par la gloire, fut se replonger dans la mer au bout du monde ! (1)

Louis XVIII était une seconde fois proclamé roi de France.

Ici se présente un fait grave. On prétend que M. Ravez ne sut pas se mettre en garde contre des erreurs généreuses, qui furent celles de tant de nobles cœurs ; on prétend qu'il transporta l'inflexibilité de ses opinions royalistes dans la pratique, oubliant peut-être que les choses humaines ne se mènent jamais mieux que par les ménagements, et il refusa, dit-on, de défendre les frères Faucher, coupables sans doute, mais coupables d'avoir été trop fidèles à leur drapeau et à leur empereur.

Ses ennemis politiques, plus tard, lui en ont fait un reproche.

Triste satisfaction qu'il faut laisser aux partis ! Nous ferons observer seulement que, dans les pièces justificatives pour servir à la demande en réhabilitation des frères Faucher, où se trouve leur correspondance pendant leur détention au fort du Hâ, nous avons vainement cherché dans leurs lettres le nom de M. Ravez. — Ce n'est pas l'avocat qu'ils demandaient à leur sœur pour les défendre devant le 1er conseil de guerre de la 11e division militaire. L'auraient-ils appelé devant le conseil de révision ? Il est permis d'en douter. — Les frères Faucher ont été condamnés le 24 septembre ; le 26 septembre le jugement du conseil de guerre a été confirmé, et le 27 septembre ils ont été exécutés à Bordeaux.

A peine ont-ils le temps de respirer. — C'est une procédure expédiée militairement.

Comment admettre que, dans le seul jour de répit qui leur est

____

(1) Chateaubriand.

donné, leur pensée se reportât sur M. Ravez, auquel ils n'ont pas songé quand ils avaient de longs loisirs pour méditer leur défense !

Dans un livre intitulé *le Barreau de Bordeaux,* œuvre d'un de nos confrères, et remarquable à plus d'un titre, l'auteur blâme sévèrement M. Ravez ; il nous semble, à nous, qu'il est beaucoup plus sage de douter.

D'ailleurs, si M. Ravez ne put pas, ou crut ne pouvoir pas se charger de la défense des frères Faucher, qui de nous oserait pénétrer dans sa conscience ? Qui de nous oserait la juger ?

Si, convaincu dans son âme que, sous certains rapports, leur défense ne pouvait être que faible, il ne s'était abstenu de s'en charger que dans la crainte de l'affaiblir tout entière, quel blâme aurait-il encouru ?

Peut-on invoquer, dans une conférence de légistes, une maxime plus précieuse que celle du respect dû à la conscience !

On ne peut, ce nous semble, matérialiser les actions humaines en les jugeant en dehors des intentions diverses qui les ont inspirées.

Agir ainsi, c'est n'en faire, en quelque sorte, que des formules mathématiques qu'on peut d'avance soumettre à un calcul infaillible.

Dans tous les cas, les frères Faucher, à cette époque, n'inspiraient aucune sympathie ; l'indignation des journaux du temps est le thermomètre de l'opinion, et cette indignation est à son comble ; elle dépasse même toutes les bornes.

N'oublions pas que Labédoyère, ce général de vingt-neuf ans, parut seul devant ses juges, et que l'avocat qui l'assistait ne trouva rien à dire.

N'oublions pas que si, devant le conseil de révision, le 18 août 1815, M. Mauguin n'avait pas surgi, cet héroïque soldat serait mort sans défenseur, tellement les réactions politiques sont implacables !

Tout cela se passait hier ; mais le temps a couru si vite, qu'il a presque fait d'une époque contemporaine une époque historique. C'est en vain que l'on chercherait aujourd'hui quelques traces de ce qu'on disait alors. Les années emportent tout dans leurs flots qui roulent. A peine dans les livres, au travers des événements, pouvons-nous apercevoir les passions et les haines d'il y a quarante ans.

Nous ne citerons pas l'homme politique à comparaître devant l'avocat ; nous ne sommes pas de ceux que rien ne désarme ; nous ne comprenons pas que le cœur soit condamné à rester immobile, et qu'on aille impitoyablement disséquer la mémoire d'un homme, comme on irait disséquer un cadavre !

M. Ravez apportait au pouvoir nouveau l'hommage de son dévouement. Nous ne devons pas être surpris de le voir nommé par une ordonnance royale président du collége électoral de la Gironde. Le suffrage des électeurs ne se fit pas attendre, un vote unanime accueillit sa candidature.

Dès lors, une voie nouvelle s'ouvre devant lui ; nous ne l'y suivrons pas ; un pareil sujet serait trop au-dessus de nos forces, la vie politique de M. Ravez embrassant presque toute la Restauration.

Contentons-nous de dire que le nouveau député prouva dans ses nouvelles fonctions que le talent trouve partout sa place.

A peine entré dans la Chambre, son influence s'y fait ressentir :

En 1817, il est nommé successivement sous-secrétaire d'Etat au ministère de la justice, conseiller d'État en service extraordinaire ;

En 1818, il remplace M. Faget de Baure, vice-président de l'Assemblée, et, la même année, une ordonnance royale le crée président de la Chambre des députés.

Un écrivain d'un rare talent, qui ne s'est calomnié lui-même, en s'appelant Timon, que pour donner plus de prix à ses louanges, a dit de M. Ravez que, s'il n'eût pas été président de la Chambre, il aurait, comme orateur, dominé le côté droit. M. de Lamartine prétend qu'il s'illustra dans ces fonctions ingrates, mais importantes, qui font d'un orateur un juge, un arbitre et un modérateur pour une assemblée.

A ce compte, M. Ravez aurait réuni les mérites les plus divers ; toute gloire lui était donnée, il n'avait qu'à choisir !

Comme président de la Chambre, on ne trouve chez lui que de grandes qualités. Personne n'a jamais mieux débrouillé le fil des questions législatives.

Un orateur embarrassé hérisse-t-il son discours d'amendements, de sous-amendements, M. Ravez restitue à la question ses divisions, son principe et son sens.

Il expose avec tant de netteté l'ordre logique de la délibération, que les moins clairvoyants s'y reconnaissent.

Plein de fermeté, il sait maintenir les prérogatives parlementaires.

Plus d'une fois, dans le cours de sa présidence, il sut se tirer avec bonheur d'épreuves difficiles.

Pour n'en rappeler qu'un exemple, il arriva, sur la fin de la séance du 10 mars 1825, que les mots : *C'est abominable !* partis de divers points de la salle, se dirigèrent vers le fauteuil du président.

Alors M. Ravez prend la parole. « Cet inconvenant reproche ne » peut s'adresser qu'à la Chambre ou au bureau. Le président con- » sulte l'Assemblée et prend ensuite l'avis du bureau. Sa décision » n'est que celle de la Chambre. Il ne peut donc croire que l'ex- » pression extraordinaire que l'on vient d'entendre lui soit adressée. » Il doit néanmoins faire remarquer combien elle est déplacée. »

On eût dit que M. Ravez s'était emparé de la présidence de l'Assemblée par prescription. Nous le voyons, en effet, occuper le fauteuil pendant huit années consécutives.

Peut-être aussi qu'il était trop difficile de le remplacer, et qu'on craignait, en supposant même que le fauteuil vînt à être occupé par un autre, qu'il ne parût toujours un peu vide.

Le siége de premier président à la Cour royale de Bordeaux devint vacant : M. Ravez fut appelé à cette place éminente par une ordonnance royale de Charles X, du 6 octobre 1824.

Une réflexion sur laquelle je ne serai pas désavoué (surtout dans cette enceinte), c'est qu'il n'est pas, dans la vie civile, de profession plus honorable, plus naturellement généreuse que celle du Barreau.

Un avocat n'est-il pas un défenseur, et ce mot ne renferme-t-il pas tout : résistance à l'oppression, habitude et besoin de réclamer contre l'injustice, libre examen et langage hardi ?

Durant les oppressions diverses qui ont agité de grands pays, n'est-ce pas dans les avocats que vous avez trouvé fidélité à toutes les infortunes, zèle pour toutes les victimes? Aussi, Messieurs, avons-nous vu cette profession conduire aux plus grands honneurs, à moins que, par un juste orgueil, un avocat ne préfère sa profession à tout.

Quand Charles X élevait ainsi de prime abord, aux plus hautes dignités de la magistrature, une des illustrations du Barreau, c'était un hommage éclatant qu'il rendait à cette profession. C'était ressusciter ensuite cette sorte de communauté qui existait, au xve et au xvie siècle, entre l'Ordre judiciaire et le Barreau.

Nous apprenons, en effet, par le curieux dialogue de Loysel, qu'à cette époque, rien n'était plus fréquent, et plus approuvé, que de voir un avocat célèbre, blanchi dans l'exercice de sa profession, être appelé aux honneurs de la magistrature. Par une exception flatteuse, cet usage, qui tend à disparaître, a toujours été maintenu parmi nous, ni plus ni moins que si nous avions été au xve ou au xvie siècle.

Un de nos bâtonniers (1), dans un discours de rentrée, revendiquait comme un titre de gloire de notre Barreau, d'avoir donné souvent des magistrats à la Cour. Il revendiquait aussi avec fierté ce privilége de notre Ordre, dont les rangs restent toujours ouverts à celui qui les quitte, en leur offrant le même lustre et le même éclat, même après les dignités et les honneurs !

La renommée de M. Ravez s'éleva bientôt à la hauteur de sa nouvelle fortune et s'agrandit comme le cercle de ses devoirs (2).

Il apportait dans l'accomplissement de ses fonctions ce zèle infatigable, cette passion sévère que fit si hautement briller l'ancienne magistrature parlementaire.

(1) M. Princeteau.
(2) M. de Ségur.

Par ce qu'il y avait en lui de grave et de réfléchi, par sa science profonde du droit, il inspirait une considération générale.

On en trouve la preuve dans une foule de mémoires où les avocats plaidant devant lui étaient heureux de se faire les échos de l'opinion, en rendant à ses grandes qualités un public hommage. Ses arrêts (heureux privilége de la Cour de Bordeaux), conçus dans un langage digne et élevé, étaient l'image fidèle de la loi même.

Il devait leur être donné, par la profondeur de leurs aperçus, de faire époque dans notre jurisprudence.

M. Ravez était doué d'un tact exquis pour reconnaître la vérité, qui sentait, comme dit Montaigne, son homme de bon lieu élevé aux grandes affaires.

Sa simplicité était extrême; il semblait laisser le luxe, comme au-dessous de lui, aux gens de commerce et de finance. Né dans le Barreau, M. Ravez n'oublia jamais son origine.

Il était heureux d'être revenu au berceau de ses succès et de ses plus chères sympathies. Par l'urbanité affectueuse, quoiqu'un peu froide, de son accueil, la franchise de ses communications, cette exquise bienveillance qui ne se démentait jamais, il faisait voir hautement son estime pour les avocats, dans les rangs desquels il était fier de compter d'illustres amitiés.

La Révolution de Juillet frappa M. Ravez sans le surprendre; il resta noblement fidèle aux convictions de toute sa vie, et il résigna sa charge, bien que la Révolution ait respecté l'inamovibilité des magistrats.

M. Ravez pouvait, à la faveur de ce principe, conserver la plus haute des dignités. Il fallait un serment. Fidèle à la monarchie du vieux droit, son inflexible rigidité ne lui permit pas de transiger avec le droit nouveau, et il s'exila volontairement dans la vie privée.

A notre époque, où nous vivons au jour le jour, où le doute assiége toutes les âmes, où les partis qui vont en se décomposant cherchent à tâtons le symbole qui doit les réunir, on ne saurait trop admirer la fidélité de M. Ravez à sa religion politique. Nous avons assisté à de si étranges spectacles, nous avons vu tant d'hommes supérieurs, entraînés par le courant, éblouis à l'aspect des rives nouvelles, oublier si facilement les rives qu'ils avaient parcourues, que nous ne pouvons nous empêcher de constater combien nous sommes faibles devant les événements qui nous emportent.

C'est qu'il faut reconnaître que les vertus, les talents et les lumières sont de fragiles remparts contre les passions du temps.

Admirons donc l'homme qui aux vertus, aux talents et aux lumières sut unir la volonté, le caractère, le courage, les convictions inébranlables qui seules peuvent faire les grands citoyens.

Lorsqu'il ne fut plus rien, M. Ravez voulut redevenir avocat; il se prêta de bonne grâce à la métamorphose que la Révolution faisait subir à son existence.

Il ne considérait pas, ainsi que le dit spirituellement M. Pinard, le Barreau comme un vaste hôpital à l'usage de tous les partis, à la porte duquel on frappe humblement quand on est malade, en s'efforçant d'en sortir bien vite dès qu'on est guéri.

M. Ravez s'était exagéré à lui-même les obligations du Barreau. Du magistrat rien n'est resté, si ce n'est peut-être des habitudes trop rigoureusement polies, qui donnaient à son commerce quelque chose de gênant.

Nous le voyons oublier, dans de paisibles retours vers le passé et dans les recherches du jurisconsulte, les grandeurs dont il n'avait point envie, l'éclat, qui promettent tant et qui tiennent si peu ! Qui jamais surprit sur ses lèvres l'expression d'un regret quelconque ?

Un de ses amis, étonné de sa philosophie sereine, lui disait un jour : « Mais cependant la Révolution de Juillet vous a tout ôté ?— Vous vous trompez, reprit M. Ravez; il me reste encore une présidence qu'on ne m'enlèvera pas, j'en suis sûr. »

L'ami, surpris, après avoir essayé de comprendre, fut obligé de demander une explication.

« Vous ne savez donc pas, lui dit en souriant M. Ravez, que je suis encore président du conseil de fabrique de l'église de Saint-Paul ? »

M. Ravez trouvait qu'il n'y avait pas de modestes fonctions, surtout lorsqu'il s'agissait de faire le bien et de secourir les malheureux.

Comme tous les rois du monde, les rois de la parole ne sont rien lorsqu'ils ont abdiqué. M. de Cormenin prétend même que, pour subir leur influence, il faut les entendre, et ne pas s'aviser de les analyser et de les lire.

Ne dirait-on pas que les orateurs escomptent leur gloire, incertains des justices de l'avenir ?

M. Ravez n'affronta plus la barre; il ensevelit, si je puis m'exprimer ainsi, sa réputation d'orateur sous ses premiers succès d'éloquence; et comme aux jours de sa jeunesse, il se consacra exclusivement au droit, en passant sa vie dans le travail et la retraite.

A toutes les époques, soit dans la magistrature, soit dans le parlement, M. Ravez avait su conquérir l'estime de tous. Tous les partis avaient rendu un égal hommage à son admirable talent et à la dignité de sa conduite ; mais il semble qu'il était réservé à ses derniers jours d'accroître toutes les sympathies.

Jamais sa vie ne fut plus occupée que lorsqu'il se fut démis de tous ses honneurs. Le cabinet du grand jurisconsulte était plus rempli que celui du premier président. On venait de toutes parts y chercher la lumière. Il n'avait pas cessé d'être magistrat, car les tribunaux attachaient tant d'importance à l'opinion d'un homme qui était la raison pratique et la loi vivante de son temps, que ses opinions valaient des arrêts. Un jour, le président Séguier renvoie le jugement d'une affaire pour attendre une de ses consultations ; et un avocat de Paris, devenu ministre, s'écrie en lisant un mémoire de M. Ravez sur une question domaniale : « Je n'étais pas de l'avis de M. Ravez, je me suis trompé. »

Une autre fois, des ouvriers charpentiers cessent une grève, sur les observations si judicieuses qu'il fit valoir dans leur intérêt. Ces hommes du peuple s'en revinrent pénétrés de reconnaissance pour tout ce qu'ils avaient recueilli d'une bouche aussi sage et aussi affectueuse.

Enfin, M. Troplong, comme pour ajouter une dernière auréole

de gloire au front de M. Ravez, le proclame crûment le plus grand juriste des temps modernes.

Dans cette seconde phase de son existence, nous voyons M. Ravez jouer ce rôle de pacificateur que Cicéron enviait pour sa vieillesse, alors que, sous les arbres de Tusculum, il rêvait de voir, un jour, *more patrio solio sedens consultentibus respondentem.*

En un mot, nous pouvons dire de M. Ravez ce que Pasquier, en son temps, disait de Mathieu Chartier : que le Palais, s'il faut ainsi dire, se rendait dans sa demeure, car il fut considéré comme l'oracle de la ville.

M. Ravez partageait son temps entre le travail et le charme des amitiés qu'il avait contractées au Barreau. Il est difficile de séparer son nom de celui de M. de Saget. Nous ne pouvons parler beaucoup de l'un sans parler un peu de l'autre.

Après avoir passé tous les deux à travers les honneurs de la magistrature, nous les voyons se retrouver au sein de ce Barreau qu'ils avaient quitté ensemble, comme pour y rentrer ensemble un jour, après avoir sacrifié leur intérêt à leur conscience.

Vous savez, Messieurs, quelles étaient les qualités aimables, les merveilleuses aptitudes de M. de Saget.

Un de nos confrères (1), qui fut son secrétaire longtemps, semble lui avoir emprunté son talent de conteur, et ne manque jamais de rappeler les mots heureux de cet homme d'esprit.

La prestesse méridionale de M. de Saget déconcertait M. Ravez, qui lui disait souvent, quand ils consultaient ensemble : « Pas si vite, mon cher Saget; vous n'avez pas encore mis *Vu,* que vous êtes impatient d'écrire *Délibéré.* »

Si le nom de M. de Saget s'est glissé sous ma plume, c'est que j'ai cru faire encore l'éloge de M. Ravez en disant qu'il avait été son ami.

Jurisconsulte éminent, il est regrettable que M. Ravez n'ait pas payé en entier sa dette à la science, en publiant dans un ouvrage

____

(1) M. Guillorit.

le fruit de ses longues études. Ces regrets sont d'autant plus vifs, que M. Troplong, qui tenait M. Ravez en si haute estime, aurait rencontré en lui un rival. On n'eût peut-être pas trouvé chez M. Ravez le style brillant et imagé, les aperçus ingénieux de M. Troplong, qui procède par la méthode historique, comme tous les larges esprits; mais, en revanche, notre jurisconsulte se serait infailliblement fait remarquer par ce tact exquis, cette pénétration heureuse, cette sûreté de coup-d'œil, si importantes chez l'écrivain.

Prenez au hasard les mémoires de M. Ravez : vous le voyez arriver au droit, par une attraction rapide l'embrasser jusque dans ses plus ténues ramifications, et sculpter la difficulté dans l'esprit. Tel il est dans ses mémoires, tel il aurait été dans ses livres, qui seraient ainsi devenus une mine riche et féconde où tous nous aurions pu nous enrichir.

Un jour, le trône de juillet s'écroula, et la République fut proclamée en France.

Les années ont marché vite, et cependant nous voilà revenu à notre point de départ, comme si, suivant le système de Vico, il était dans la destinée des nations et des individus de recommencer, à un moment donné, la route parcourue, obéissant à une influence mystérieuse et irrésistible.

Comme aux mauvais jours de la première République, nous voyons, en 48, la tourmente révolutionnaire entr'ouvrir des abîmes que tous les dévouements et tous les patriotismes suffisent à peine à combler ; alors, comme en 93, la vie publique apparaît environnée de fatigue, de sacrifices et de dangers; et, à l'âge de soixante-dix-huit ans, M. Ravez redescend, vieil athlète, dans l'arène, prêt à soutenir ces mêmes idées pour lesquelles, à vingt-deux ans, il s'était exposé à l'échafaud. Assurément il avait largement payé sa dette à la patrie, mais son dévouement et son patriotisme ne reculèrent pas, et il accepta successivement le mandat de conseiller général, la mission de la haute cour de Bourges, et le mandat de représentant du peuple.

« C'est un sacrifice qui m'est imposé, dit-il en apprenant son
» élection ; mais je m'y soumets avec résolution et avec dévouement
» pour mon pays, pour mes concitoyens. Je ne vous cache pas
» qu'il m'en coûte beaucoup d'abandonner mes travaux habituels,
» de m'éloigner ainsi, à l'âge où je suis arrivé, d'une famille qui est
» toute ma joie, tout mon bonheur ; mais on croit que je puis être
» encore utile, je n'hésite pas. Quand le devoir parle, je ne calcule
» jamais les sacrifices qu'il exige de moi. »

Rien ne peint mieux M. Ravez que ces paroles qui s'accordent si
bien avec sa noble vie !

M. Ravez arriva à l'Assemblée Législative précédé d'une immense
réputation ; il n'était pas un inconnu ; son nom avait survécu à
l'oubli. L'âge n'avait point affaibli les magnifiques qualités de son
intelligence, qui semblèrent grandir encore, à mesure qu'approchait
le moment où elles allaient remonter vers leur source divine.

Aussi M. Ravez exerça-t-il à l'Assemblée Législative une influence
réelle, quoique peu apparente.

Les générations nouvelles s'inclinaient respectueusement devant
ce vieillard, qui était pour elles comme le représentant d'un autre
âge.

Lorsqu'on discuta la réforme du régime hypothécaire, et qu'on
eut constitué une commission définitive pour examiner les travaux
préparatoires, M. Ravez en fut nommé président.

Lors de la prorogation de l'Assemblée, M. Ravez quitta Paris
pour n'y plus revenir.

Il semble que la Providence ait voulu le ramener parmi les siens
pour lui fermer les yeux.

Il assistait aux séances du Conseil général qu'il éclairait souvent.
Dès qu'une question compliquée se présentait, tous les regards se
tournaient vers M. Ravez comme pour lui en demander la solu-
tion.

La direction des affaires venait à lui sans qu'il semblât la chercher, et il était le premier partout, parce que tout le monde se
soumettait volontairement à son expérience et à ses lumières.

Mais il ne fut pas donné à ses collègues de jouir longtemps de la supériorité de son esprit et de sa modération si équitable.

Le 5 septembre 1849, la mort est venue le prendre à l'improviste et d'une façon prématurée, car elle l'a frappé au milieu de la vigueur de l'intelligence et de la puissance du talent !

Dès que la nouvelle de cette mort si imprévue se répandit dans Bordeaux, elle causa une émotion qu'il serait impossible de décrire; ce fut plus que de la douleur, ce fut un deuil public.

Aussi, le jour de ses funérailles, la population bordelaise se pressait consternée autour de son cercueil. Spectacle consolant, car l'empressement de cette foule en deuil prouvait qu'elle n'était pas indifférente aux belles actions, aux services rendus, aux talents noblement employés.

On ne trompe pas les masses sur la véritable grandeur. Les révolutions ont beau se conjurer contre les caractères qui ne savent pas transiger avec la conscience, les caractères sont appréciés et récompensés à raison de la valeur qu'ils possèdent.

Quand on pense que M. Ravez représentait une chose qui se fait de plus en plus rare : la vertu politique, le respect de la parole jurée, l'austère fidélité des convictions, on comprend qu'il y a même ici-bas un triomphe pour les vertus, qui ne semblent devoir trouver leur récompense que loin des hommes dont elles accusent la faiblesse et les erreurs.

Quel encouragement, Messieurs, pour toute âme à qui sourit une pareille gloire, et qui se sent faite pour la mériter !

Bien que la vie de M. Ravez parlât assez pour lui, et qu'il pût affronter, sans le secours d'aucun orateur, le jugement de la postérité, plusieurs discours furent prononcés sur sa tombe.

Sa perte a été surtout, Messieurs, vivement ressentie par notre Ordre, et vous vous rappelez encore les paroles touchantes par lesquelles notre Bâtonnier servait si bien d'interprète aux sentiments de tous.

Chose singulière ! c'est devant lui encore, placé à notre tête par l'élection, que se prononce l'éloge de M. Ravez.

Pour nous, appelé, par une bienveillance que nous méritons si peu, à retracer les souvenirs de cette vie si pure et si belle, nous sentons combien, par l'impuissance de nos paroles, nous sommes resté constamment au-dessous d'un tel sujet. Et comment, lorsque sept années à peine ont passé sur la tombe de M. Ravez, pouvoir le faire revivre, sans que ses amis, dans le cœur desquels sa voix résonne encore, ne trouvent dans leurs souvenirs mieux que tous nos éloges pour le célébrer dignement ?

Mais le nom de M. Ravez est désormais historique ; d'autres plus dignes que nous pourront bien retracer les principaux traits de cette noble vie, dont il appartient principalement à notre Barreau de revendiquer la gloire. N'en a-t-il pas été une des illustrations les plus solides, en se vouant à rendre utile à ses concitoyens sa longue expérience, pendant que d'autres idées que les siennes prévalaient en France ? N'a-t-il pas trouvé le secret de grandir encore aux yeux de tous dans la sphère modeste de son cabinet de jurisconsulte ? C'est là un noble exemple !... C'est là une noble conduite !...

Comme, dans notre Ordre, la vie des anciens illustres se transmet d'âge en âge, ainsi qu'un honneur héréditaire, nous devons nous efforcer, nous jeunes avocats du stage, de conserver la mémoire de M. Ravez, en méditant ses paroles, en cherchant dans ses écrits des préceptes et des exemples.

Sans doute, bien peu pourront atteindre un pareil modèle, mais tous nous vieillirons (s'il plaît à Dieu) ; et quand nous serons entourés d'une génération nouvelle, il faudra que nous sachions lui raconter la vie de cet homme illustre, de la gloire duquel nous la rendrons dépositaire à son tour.

FIN.